Vorwort

Lustige kleine Häkeltierchen als Mitbringsel. Gerade jetzt zur Weihnachtszeit freuen sich jung und alt über die kleinen putzigen Tierchen. Alles ist Schritt für Schritt erklärt und auch für Anfänger einfach nachzuhäkeln.

Inhaltsangabe

Vorwort

Rosalinde Rüssel

Geraldine

Timo

Lilly

Die kleine Mietze

Mausi

Bärchi

Das kleine Bienchen

Lukas

Kleiner Häkelkurs für Anfänger

Rosalinde Rüssel

Folgende Materialien werden benötigt:

- Wolle, am Besten Baumwolle
- Häkelnadel in der passenden Stärke, ich bevorzuge Garn und Häkelnadel in der Stärke 2
- Füllwatte
- Nähgarn
- Nähnadel
- Knöpfe oder Augen
- Schere
- Etwas Stoff für die Ohren

Wir beginnen mit dem Körper:

Jeder Stichpunkt beinhaltet eine neue Runde.

- Bilden Sie einen Fadenring (oder häkeln Sie zwei Luftmaschen und stechen in die zweite Masche ein)
- Häkeln Sie 6 Feste Maschen im Ring
- Nun verdoppeln Sie jede Masche, so dass sich jetzt 12 Maschen im Ring befinden
- Jetzt müssen Sie jede 2. Masche verdoppeln. Es befinden sich jetzt 18 Maschen im Ring.
- Bitte verdoppeln Sie jede 3. Masche. Sie haben nun 24 Maschen.
- Jetzt jede 4. Masche verdoppeln. Es sind nun 30 Maschen vorhanden.
- 2 Reihen Feste Maschen (30)
- Nun verdoppeln wir jede 5. Masche (36)
- Nun jede 6. Masche verdoppeln (42)
- Vier Reihen Feste Maschen.
- Nun jede 5. und 6. Masche zusammenhäkeln (36)
- Jede 4. und 5. Masche zusammenhäkeln (30)
- Jetzt häkeln wir jede 3. und 4. Masche zusammen (24)
- . Jede 2. und 3. Masche wird zusammengehäkelt (18)
- Den Körper nun schon mal mit Watte ausfüllen.

- Jede 1. und 2. Masche zusammenhäkeln (12)
- Nun jede Masche zusammenhäkeln (6)
- Abketten und zunähen

Arme und Beine (4 x)

- Bilden Sie einen Fadenring (oder häkeln Sie zwei Luftmaschen und stechen in die zweite Masche ein)
- Häkeln Sie 6 Feste Maschen im Ring
- Nun verdoppeln Sie jede Masche, so dass sich jetzt 12 Maschen im Ring befinden
- 3 Reihen Feste Maschen
- Abketten, füllen und an den Körper nähen

Ohren (2 x)

- Häkeln Sie 20 Luftmaschen
- Häkeln Sie 5 Runden Feste Maschen um die Luftmaschen herum
- Abketten
- Mit dem Stoff besticken und am Kopf annähen

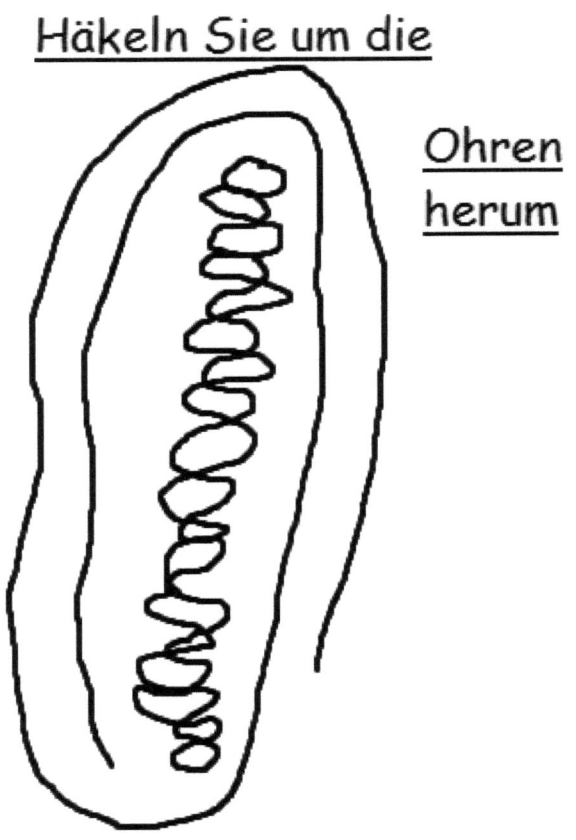

Rüssel

Nun zum Megarüssel

- Bilden Sie einen Fadenring (oder häkeln Sie zwei Luftmaschen und stechen in die zweite Masche ein)
- Häkeln Sie 6 Feste Maschen im Ring
- Nun verdoppeln Sie jede Masche, so dass sich jetzt 12 Maschen im Ring befinden
- Das Häkelstück wenden damit eine Kante entsteht
- 50 Reihen Feste Maschen
- Jede 2. und 3. Masche zusammenhäkeln
- 4 Reihen Feste Maschen
- Den Rüssel abketten und füllen.
- An den Körper nähen

Schwanz

- 10 Luftmaschen
- Abketten und an den Körper nähen

Alles zusammennähen.

Geraldine

Folgende Materialien werden benötigt:

- Wolle, am Besten Baumwolle
- Häkelnadel in der passenden Stärke, ich bevorzuge Garn und Häkelnadel in der Stärke 2
- Füllwatte
- Nähgarn
- Nähnadel
- Knöpfe oder Augen
- Schere

Anleitung:

Körper:

Jeder Stichpunkt beinhaltet eine neue Runde.

- Bilden Sie einen Fadenring (oder häkeln Sie zwei Luftmaschen und stechen in die zweite Masche ein)
- Häkeln Sie 6 Feste Maschen im Ring
- Nun verdoppeln Sie jede Masche, so dass sich jetzt 12 Maschen im Ring befinden
- Jetzt müssen Sie jede 2. Masche verdoppeln. Es befinden sich jetzt 18 Maschen im Ring.
- Nun sollten Sie jede 3. Masche verdoppeln. Sie haben nun 24 Maschen.
- Nun häkeln Sie acht Reihen Feste Maschen, es bleiben immer 24 Maschen.

- Jetzt jede 2. und 3. Masche zusammenhäkeln, Es bleiben nun 18 Maschen.
- 1 Reihe Feste Maschen.
- Nun den Körper mit Füllwatte füllen. Den Faden durch die Masche ziehen und abschneiden. Er sollte aber etwas länger gelassen werden, damit man mit ihm den Körper zunähen kann, was auch jetzt geschehen sollte.

Jetzt häkeln wir den Kopf

Jeder Stichpunkt beinhaltet eine neue Runde.

- Bilden Sie einen Fadenring (oder häkeln Sie zwei Luftmaschen und stechen in die zweite Masche ein)
- Häkeln Sie 6 Feste Maschen im Ring
- Nun verdoppeln Sie jede Masche, so dass sich jetzt 12 Maschen im Ring befinden
- Jetzt müssen Sie jede 2. Masche verdoppeln. Es befinden sich jetzt 18 Maschen im Ring.
- Bitte verdoppeln Sie jede 3. Masche. Sie haben nun 24 Maschen.
- Jetzt jede 4. Masche verdoppeln. Es sind nun 30 Maschen vorhanden.
- Nun häkeln Sie 4 Reihen Feste Maschen. Es bleiben immer 30 Maschen.

- Jetzt häkeln Sie jede 3. und 4. Masche zusammen. Es sind nun noch 24 Maschen vorhanden.
- Nun häkeln Sie jede 2. und 3. Masche zusammen. Sie haben nun 18 Maschen.
- Nun jede 2. Masche zusammenhäkeln. Sie haben nun noch 12 Maschen. Der Kopf kann mit Füllwatte ausgefüllt werden.
- Nun jede 2. Masche zusammennähen und den Kopf schließen.

Nun kommen die Ohren an die Reihe. Sie werden zwei Mal gehäkelt.

- Bilden Sie einen Fadenring (oder häkeln Sie zwei Luftmaschen und stechen in die zweite Masche ein)
- Häkeln Sie 4 Feste Maschen im Ring.
- Nun verdoppeln Sie jede Masche. Sie haben nun 8 Maschen.
- Jetzt verdoppeln Sie jede 2. Masche.
- Nun häkeln Sie 23 Reihen Feste Maschen.
- Der Faden kann nun vernäht werden und das Häkelstück kann verschlossen werden.

Nun häkeln wir die Arme.

- Bilden Sie einen Fadenring (oder häkeln Sie zwei Luftmaschen und stechen in die zweite Masche ein)
- Häkeln Sie 4 Feste Maschen im Ring.
- Nun verdoppeln Sie jede Masche. Sie haben nun 8 Maschen.
- Nun häkeln Sie 6 Reihen Feste Maschen.
- Der Faden kann nun vernäht werden und das Häkelstück kann verschlossen werden.

Die Beine

- Bilden Sie einen Fadenring (oder häkeln Sie zwei Luftmaschen und stechen in die zweite Masche ein)
- Häkeln Sie 6 Feste Maschen im Ring.
- Nun verdoppeln Sie jede Masche. Sie haben nun 12 Maschen.
- Nun häkeln Sie 5 Reihen Feste Maschen.
- Der Faden kann nun vernäht werden und das Häkelstück kann verschlossen werden.

Nun alle Teile füllen und zusammennähen. Als Augen entweder Knöpfe oder Stofftieraugen verwenden und annähen oder kleben.

Aus Perlen noch ein Kettchen basteln. Ein paar Perlen auf Draht ziehen und ein kleines Herz daraus basteln. Befestigen.

Timo

Folgende Materialien werden benötigt:

- Wolle, am Besten Baumwolle
- Häkelnadel in der passenden Stärke, ich bevorzuge Garn und Häkelnadel in der Stärke 2
- Füllwatte
- Nähgarn
- Nähnadel
- Knöpfe oder Kuscheltieraugen
- Schere

Wir fangen mit dem Kopf an.

Jeder Stichpunkt beinhaltet eine neue Runde.

- Bilden Sie einen Fadenring (oder häkeln Sie zwei Luftmaschen und stechen in die zweite Masche ein)
- Häkeln Sie 6 Feste Maschen im Ring
- Nun verdoppeln Sie jede Masche, so dass sich jetzt 12 Maschen im Ring befinden
- Jetzt müssen Sie jede 2. Masche verdoppeln. Es befinden sich jetzt 18 Maschen im Ring
- Verdoppeln Sie bitte jede 3. Masche. Sie haben nun 24 Maschen,
- Verdoppeln Sie nun jede 4. Masche (30)
- 2 Reihen Feste Maschen
- Häkeln Sie jede 3. und 4. Masche zusammen (24)
- Nun jede 2. und 3. Masche zusammenhäkeln (18)
- Jede 1. und 2. Masche zusammen (12)
- Den Kopf schon mal ausstopfen
- Jede Masche zusammen häkeln (6)
- Den Kopf abketten

Nun häkeln wir den Körper:

Jeder Stichpunkt beinhaltet eine neue Runde.

- Bilden Sie einen Fadenring (oder häkeln Sie zwei Luftmaschen und stechen in die zweite Masche ein)
- Häkeln Sie 6 Feste Maschen im Ring
- Nun verdoppeln Sie jede Masche, so dass sich jetzt 12 Maschen im Ring befinden
- Jetzt müssen Sie jede 2. Masche verdoppeln. Es befinden sich jetzt 18 Maschen im Ring
- Verdoppeln Sie bitte jede 3. Masche. Sie haben nun 24 Maschen,
- Häkeln Sie 5 Reihen Feste Maschen
- Nun jede 2. und 3. Masche zusammenhäkeln (18)
- Jede 1. und 2. Masche zusammen (12)
- Den Körper schon mal ausstopfen
- Jede Masche zusammen häkeln (6)
- Den Körper abketten

Kommen wir zu den Beinen (4 x)

- Bilden Sie einen Fadenring (oder häkeln Sie zwei Luftmaschen und stechen in die zweite Masche ein)
- Häkeln Sie 6 Feste Maschen im Ring
- Nun verdoppeln Sie jede Masche, so dass sich jetzt 12 Maschen im Ring befinden
- Häkeln Sie 4 Reihen Feste Maschen
- Abketten und Stopfen.

Nun der Schwanz

- Bilden Sie einen Fadenring (oder häkeln Sie zwei Luftmaschen und stechen in die zweite Masche ein)
- Häkeln Sie 6 Feste Maschen im Ring
- Häkeln Sie 6 Reihen Feste Maschen
- Abketten und ausstopfen

Kommen wir zur Schnauze

- Häkeln Sie 5 Luftmaschen
- Häkeln Sie rundherum 5 Feste Maschen, 1 Luftmasche, 5 Feste Maschen, 1 Luftmasche
- Häkeln Sie rundherum 6 Feste Maschen, 1 Luftmasche, 6 Feste Maschen, 1 Luftmasche
- Häkeln Sie rundherum 7 Feste Maschen, 1 Luftmasche, 7 Feste Maschen, 1 Luftmasche
- Häkeln Sie rundherum 8 Feste Maschen, 1 Luftmasche, 8 Feste Maschen, 1 Luftmasche, beenden Sie mit einer Kettmasche. Nähen Sie die Schnauze an den Kopf. Befestigen Sie die Nase (zum Beispiel in Form einer Perle oder eine Knopfes) und die Tieraugen.

Häkeln Sie um die Luftmaschen herum

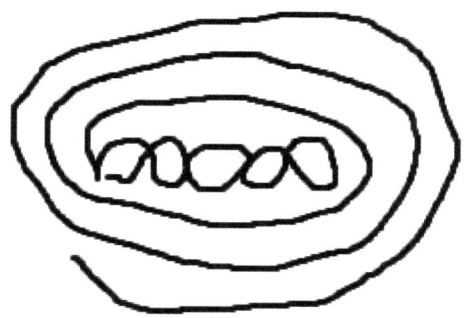

Jetzt kommen die Ohren an die Reihe (2 x)
- Zunächst in rosa Farbe 5 Luftmaschen häkeln
- Wenden und 5 Feste Maschen
- Nun 3 Feste Maschen
- Nun nur eine

- Faden durchziehen und entfernen.

-

Nun seitlich um das Ohr in weißer Farbe 6 Feste Maschen, 1 Feste Masche in der Spitze, 6 Feste Maschen. Abketten. Die Ohren am Körper annähen.

Chihuahua Ohren

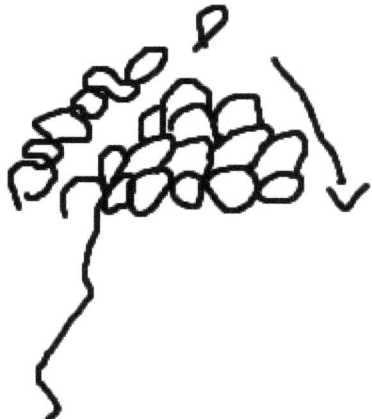

Nun alle Teile zusammennähen. Das Tierchen ist fertig.

Lilly

Folgende Materialien werden benötigt:

- Wolle, am Besten Baumwolle
- Der kleine Elefant wurde mit Catania von Schachenmayr gehäkelt
- Häkelnadel in der passenden Stärke, ich habe Stärke 2,5 genommen
- Füllwatte
- Nähgarn
- Nähnadel
- Knöpfe oder Tieraugen
- Schere

Fangen wir mit dem Kopf an

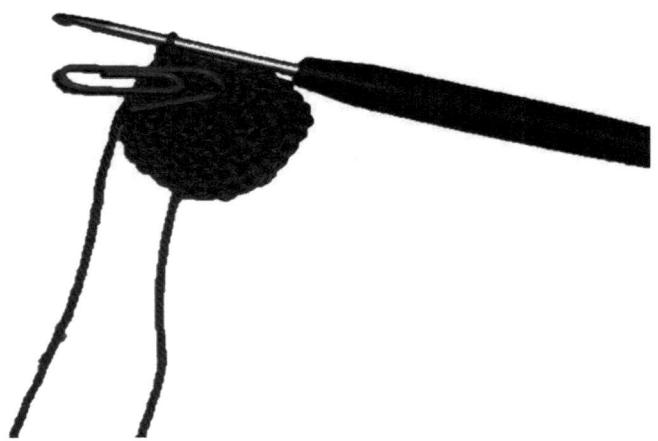

Jeder Stichpunkt beinhaltet eine neue Runde. Es wird in Festen Maschen gehäkelt.

- Bilden Sie einen Fadenring (oder häkeln Sie zwei Luftmaschen und stechen in die zweite Masche ein).
- Häkeln Sie 6 Feste Maschen im Ring.
- Nun verdoppeln Sie jede Masche, so dass sich jetzt 12 Maschen im Ring befinden.

- Jetzt müssen Sie jede 2. Masche verdoppeln. Es befinden sich jetzt 18 Maschen im Ring.
- Bitte verdoppeln Sie jede 3. Masche. Sie haben nun 24 Maschen.
- Jetzt jede 4. Masche verdoppeln. Es sind nun 30 Maschen vorhanden.
- Verdoppeln Sie bitte jede 5. Masche. Sie haben nun 36 Maschen.
- Nun häkeln Sie 6 Reihen Feste Maschen in Runden. Ich markiere den Anfang der Runde immer mit einer Büroklammer.
- Jede 4. und 5. Masche zusammenhäkeln. Es sind nun noch 30 Maschen vorhanden.
- Jetzt häkeln wir jede 3. und 4. Masche zusammen. Wir haben dann 24 Maschen.
- 3 Reihen Feste Maschen
- .Jede 2. und 3. Masche wird zusammengehäkelt. Jetzt sind es noch 18 Maschen.
- Den Kopf nun schon mal mit Watte ausfüllen.
- Jede 1. und 2. Masche zusammenhäkeln. Wir haben 12 Maschen.
- Nun jede Masche zusammenhäkeln. Wir haben nun 6 Maschen.
- Abketten und zunähen. Den Faden lang lassen zum Vernähen.
- Die Augen befestigen.

Nun kommen die Ohren an die Reihe (2 x häkeln)

Jeder Stichpunkt beinhaltet eine neue Runde. Es wird in Festen Maschen gehäkelt.

- Bilden Sie einen Fadenring (oder häkeln Sie zwei Luftmaschen und stechen in die zweite Masche ein).
- Häkeln Sie 6 Feste Maschen im Ring.
- Nun verdoppeln Sie jede Masche, so dass sich jetzt 12 Maschen im Ring befinden.
- Abketten und den Faden lang lassen zum Vernähen.

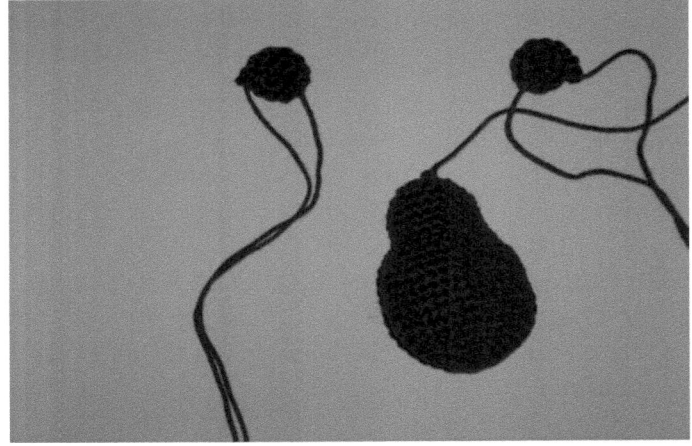

Alles zusammennähen. Ohren befestigen und Lilly ein Gesicht geben.

Nun häkeln wir den Körper

Jeder Stichpunkt beinhaltet eine neue Runde. Es wird in Festen Maschen gehäkelt.

- Bilden Sie einen Fadenring (oder häkeln Sie zwei Luftmaschen und stechen in die zweite Masche ein).
- Häkeln Sie 6 Feste Maschen im Ring.
- Nun verdoppeln Sie jede Masche, so dass sich jetzt 12 Maschen im Ring befinden.
- Jetzt müssen Sie jede 2. Masche verdoppeln. Es befinden sich jetzt 18 Maschen im Ring.
- Bitte verdoppeln Sie jede 3. Masche. Sie haben nun 24 Maschen.
- Jetzt jede 4. Masche verdoppeln. Es sind nun 30 Maschen vorhanden.
- Verdoppeln Sie bitte jede 5. Masche. Sie haben nun 36 Maschen.
- Nun häkeln Sie 12 Reihen Feste Maschen in Runden. Ich markiere den Anfang der Runde immer mit einer Büroklammer.
- Jede 4. und 5. Masche zusammenhäkeln. Es sind nun noch 30 Maschen vorhanden.
- Jetzt häkeln wir jede 3. und 4. Masche zusammen. Wir haben dann 24 Maschen.
- .Jede 2. und 3. Masche wird zusammengehäkelt. Jetzt sind es noch 18 Maschen.
- Den Körper nun schon mal mit Watte ausfüllen.

- Jede 1. und 2. Masche zusammenhäkeln. Wir haben 12 Maschen.
- Nun jede Masche zusammenhäkeln. Wir haben nun 6 Maschen.
- Abketten und zunähen. Den Faden lang lassen zum Vernähen.

Die kleine Lilly braucht noch Beine (4 x)

Jeder Stichpunkt beinhaltet eine neue Runde. Es wird in Festen Maschen gehäkelt.

- Bilden Sie einen Fadenring (oder häkeln Sie zwei Luftmaschen und stechen in die zweite Masche ein).
- Häkeln Sie 6 Feste Maschen im Ring.
- Nun verdoppeln Sie jede Masche, so dass sich jetzt 12 Maschen im Ring befinden.
- Nun einfach 2 Reihen Feste Maschen in Runden häkeln.
- Abketten und den Faden lang lassen.
- Ausstopfen und unterm Bauch annähen.
- Das Ganze insgesamt vier Mal.

Alles stopfen und zusammennähen.

Die kleine Mietze

Folgende Materialien werden benötigt:

- Wolle, am Besten Baumwolle
- Häkelnadel in der passenden Stärke, ich bevorzuge Garn und Häkelnadel in der Stärke 2
- Füllwatte
- Nähgarn
- Nähnadel
- Knöpfe oder Kuscheltieraugen
- Schere

Körper:

Jeder Stichpunkt beinhaltet eine neue Runde.

- Bilden Sie einen Fadenring (oder häkeln Sie zwei Luftmaschen und stechen in die zweite Masche ein)
- Häkeln Sie 6 Feste Maschen im Ring
- Nun verdoppeln Sie jede Masche, so dass sich jetzt 12 Maschen im Ring befinden
- Jetzt müssen Sie jede 2. Masche verdoppeln. Es befinden sich jetzt 18 Maschen im Ring.
- Nun häkeln Sie fünf Reihen Feste Maschen, es bleiben immer 18 Maschen.
- Nun den Körper mit Füllwatte füllen. Den Faden durch die Masche ziehen und abschneiden. Er sollte aber etwas länger gelassen werden, damit man mit ihm den Körper zunähen kann, was auch jetzt geschehen sollte.

Jetzt häkeln wir den Kopf

Jeder Stichpunkt beinhaltet eine neue Runde.

- Bilden Sie einen Fadenring (oder häkeln Sie zwei Luftmaschen und stechen in die zweite Masche ein)
- Häkeln Sie 6 Feste Maschen im Ring
- Nun verdoppeln Sie jede Masche, so dass sich jetzt 12 Maschen im Ring befinden
- Jetzt müssen Sie jede 2. Masche verdoppeln. Es befinden sich jetzt 18 Maschen im Ring.
- Bitte verdoppeln Sie jede 3. Masche. Sie haben nun 24 Maschen.

- Jetzt jede 4. Masche verdoppeln. Es sind nun 30 Maschen vorhanden.
- Nun häkeln Sie 4 Reihen Feste Maschen. Es bleiben immer 30 Maschen.
- Jetzt häkeln Sie jede 3. und 4. Masche zusammen. Es sind nun noch 24 Maschen vorhanden.
- Nun häkeln Sie jede 2. und 3. Masche zusammen. Sie haben nun 18 Maschen.
- Nun jede 2. Masche zusammenhäkeln. Sie haben nun noch 12 Maschen. Der Kopf kann mit Füllwatte ausgefüllt werden.
- Nun jede 2. Masche zusammennähen und den Kopf schließen.

Nun kommen die Arme und Beine dran. Sie müssen das Alles also vier Mal häkeln.

- Bilden Sie einen Fadenring (oder häkeln Sie zwei Luftmaschen und stechen in die zweite Masche ein)
- Häkeln Sie 4 Feste Maschen im Ring.
- Nun verdoppeln Sie jede Masche. Sie haben nun 8 Maschen.
- Nun häkeln Sie 3 Reihen Feste Maschen.
- Der Faden kann nun vernäht werden und das Häkelstück kann verschlossen werden.

- Nun kommen die Ohren (2x) an die Reihe.
- Bilden Sie einen Fadenring (oder häkeln Sie zwei Luftmaschen und stechen in die zweite Masche ein)

- Häkeln Sie 4 Feste Maschen im Ring
- Nun verdoppeln Sie jede Masche, so dass sich jetzt 8 Maschen im Ring befinden
- Jetzt müssen Sie jede 2. Masche verdoppeln. Es befinden sich jetzt 12 Maschen im Ring.
- Häkeln Sie 1 Reihe Feste Maschen.
- Abketten und an den Kopf nähen.

Nun alle Teile füllen und zusammennähen. Als Augen entweder Knöpfe oder Stofftieraugen verwenden und annähen oder kleben. Die anderen Gesichtszüge entsprechend nähen.

Mausi

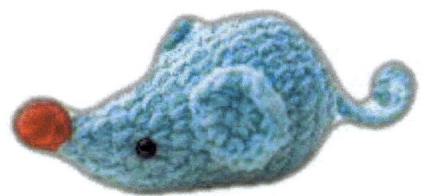

Folgende Materialien werden benötigt:

- Wolle, am Besten Baumwolle
- Häkelnadel in der passenden Stärke, ich bevorzuge Garn und Häkelnadel in der Stärke 2
- Füllwatte
- Nähgarn
- Nähnadel
- Knöpfe oder Augen
- Schere

Wir beginnen mit dem Körper.

Jeder Stichpunkt beinhaltet eine neue Runde.

- Bilden Sie einen Fadenring (oder häkeln Sie zwei Luftmaschen und stechen in die zweite Masche ein)
- Häkeln Sie 6 Feste Maschen im Ring
- Nun verdoppeln Sie jede Masche, so dass sich jetzt 12 Maschen im Ring befinden
- Jetzt müssen Sie jede 2. Masche verdoppeln. Es befinden sich jetzt 18 Maschen im Ring.
- Bitte verdoppeln Sie jede 3. Masche. Sie haben nun 24 Maschen.
- Jetzt jede 4. Masche verdoppeln. Es sind nun 30 Maschen vorhanden.
- 2 Reihen Feste Maschen (30)
- Zwei Reihen Feste Maschen.
- Jetzt häkeln wir jede 3. und 4. Masche zusammen (24)
- . Jede 2. und 3. Masche wird zusammengehäkelt (18)
- Den Körper nun schon mal mit Watte ausfüllen.
- Jede 1. und 2. Masche zusammenhäkeln (12)
- 3 Reihen FM
- Nun jede Masche zusammenhäkeln (6)
- Abketten und zunähen

Nun häkeln wir Ohren (2x)

Jeder Stichpunkt beinhaltet eine neue Runde.

- Bilden Sie einen Fadenring (oder häkeln Sie zwei Luftmaschen und stechen in die zweite Masche ein)
- Häkeln Sie 6 Feste Maschen im Ring
- Nun verdoppeln Sie jede Masche, so dass sich jetzt 12 Maschen im Ring befinden
- Abketten und annähen.

Alles zusammennähen. Eine Perle als Nase annähen und entweder Tieraugen, oder Knöpfe als Augen annähen. Man kann das Gesicht aber auch aufsticken.

Schwanz

12 Luftmaschen. Abketten und annähen.

Bärchi

Folgende Materialien werden benötigt:

- Wolle, am Besten Baumwolle
- Häkelnadel in der passenden Stärke, ich bevorzuge Garn und Häkelnadel in der Stärke 2
- Füllwatte
- Nähgarn
- Nähnadel
- Knöpfe oder Augen
- Schere

Anleitung:

Körper:

Jeder Stichpunkt beinhaltet eine neue Runde.

- Bilden Sie einen Fadenring (oder häkeln Sie zwei Luftmaschen und stechen in die zweite Masche ein)
- Häkeln Sie 6 Feste Maschen im Ring
- Nun verdoppeln Sie jede Masche, so dass sich jetzt 12 Maschen im Ring befinden
- Jetzt müssen Sie jede 2. Masche verdoppeln. Es befinden sich jetzt 18 Maschen im Ring.
- Nun häkeln Sie sieben Reihen Feste Maschen, es bleiben immer 18 Maschen.
- Nun den Körper mit Füllwatte füllen. Den Faden durch die Masche ziehen und abschneiden. Er sollte aber etwas länger gelassen werden, damit man mit ihm den Körper zunähen kann, was auch jetzt geschehen sollte.

Bäuchlein

- Häkeln Sie 6 Luftmaschen
- Umhäkeln Sie diese 3 Runden mit Festen Maschen, verdoppeln Sie dabei jede zweite Masche.

Abketten und annähen.

Jetzt häkeln wir den Kopf

Jeder Stichpunkt beinhaltet eine neue Runde.

- Bilden Sie einen Fadenring (oder häkeln Sie zwei Luftmaschen und stechen in die zweite Masche ein)
- Häkeln Sie 6 Feste Maschen im Ring
- Nun verdoppeln Sie jede Masche, so dass sich jetzt 12 Maschen im Ring befinden
- Jetzt müssen Sie jede 2. Masche verdoppeln. Es befinden sich jetzt 18 Maschen im Ring.
- Bitte verdoppeln Sie jede 3. Masche. Sie haben nun 24 Maschen.
- Jetzt jede 4. Masche verdoppeln. Es sind nun 30 Maschen vorhanden.
- Nun häkeln Sie 4 Reihen Feste Maschen. Es bleiben immer 30 Maschen.
- Jetzt häkeln Sie jede 3. und 4. Masche zusammen. Es sind nun noch 24 Maschen vorhanden.
- Nun häkeln Sie jede 2. und 3. Masche zusammen. Sie haben nun 18 Maschen.
- Nun jede 2. Masche zusammenhäkeln. Sie haben nun noch 12 Maschen. Der Kopf kann mit Füllwatte ausgefüllt werden.
- Nun jede 2. Masche zusammennähen und den Kopf schließen.

Schnäuzchen

Jeder Stichpunkt beinhaltet eine neue Runde.

- Bilden Sie einen Fadenring (oder häkeln Sie zwei Luftmaschen und stechen in die zweite Masche ein)
- Häkeln Sie 6 Feste Maschen im Ring
- Nun verdoppeln Sie jede Masche, so dass sich jetzt 12 Maschen im Ring befinden.
- Abketten und annähen.

Nun kommen die Arme dran. Natürlich müssen Sie das zwei Mal häkeln.

- Bilden Sie einen Fadenring (oder häkeln Sie zwei Luftmaschen und stechen in die zweite Masche ein)
- Häkeln Sie 4 Feste Maschen im Ring.
- Nun verdoppeln Sie jede Masche. Sie haben nun 8 Maschen.
- Nun häkeln Sie 4 Reihen Feste Maschen.
- Der Faden kann nun vernäht werden und das Häkelstück kann verschlossen werden.

Nun kommen die Beine dran. Natürlich müssen Sie auch dieses zwei Mal häkeln.

- Bilden Sie einen Fadenring (oder häkeln Sie zwei Luftmaschen und stechen in die zweite Masche ein)

- Häkeln Sie 6 Feste Maschen im Ring.
- Nun verdoppeln Sie jede Masche. Sie haben nun 12 Maschen.
- Nun häkeln Sie 3 Reihen Feste Maschen.
- Der Faden kann nun vernäht werden und das Häkelstück kann verschlossen werden.

Nun kommen die Ohren (2x) an die Reihe.
Jeder Stichpunkt beinhaltet eine neue Runde.

- Bilden Sie einen Fadenring (oder häkeln Sie zwei Luftmaschen und stechen in die zweite Masche ein)
- Häkeln Sie 6 Feste Maschen im Ring
- Nun verdoppeln Sie jede Masche, so dass sich jetzt 12 Maschen im Ring befinden.
- Sie können die Arbeit nun abketten.

Nun alle Teile füllen und zusammennähen. Als Augen entweder Knöpfe oder Stofftieraugen verwenden und annähen oder kleben.

Das kleine Bienchen

Ein kleines Bienchen darf auch nicht fehlen.

Folgende Materialien werden benötigt:

- Wolle, am Besten Baumwolle
- Häkelnadel in der passenden Stärke, ich bevorzuge Garn und Häkelnadel in der Stärke 2
- Füllwatte
- Nähgarn
- Nähnadel
- Knöpfe oder Augen
- Schere

Wir beginnen mit dem Körper.

Jeder Stichpunkt beinhaltet eine neue Runde.
Wenn Sie ein Ringmuster wünschen müssen Sie in diesem Bereich alle zwei Reihen die Farbe wechseln.

- Bilden Sie einen Fadenring (oder häkeln Sie zwei Luftmaschen und stechen in die zweite Masche ein)
- Häkeln Sie 6 Feste Maschen im Ring
- Nun verdoppeln Sie jede Masche, so dass sich jetzt 12 Maschen im Ring befinden
- Jetzt müssen Sie jede 2. Masche verdoppeln. Es befinden sich jetzt 18 Maschen im Ring.
- Bitte verdoppeln Sie jede 3. Masche. Sie haben nun 24 Maschen.
- Jetzt jede 4. Masche verdoppeln. Es sind nun 30 Maschen vorhanden.
- 2 Reihen Feste Maschen (30)
- Zwei Reihen Feste Maschen.
- Jetzt häkeln wir jede 3. und 4. Masche zusammen (24)
- . Jede 2. und 3. Masche wird zusammengehäkelt (18)
- Den Körper nun schon mal mit Watte ausfüllen.
- Jede 1. und 2. Masche zusammenhäkeln (12)
- Nun jede Masche zusammenhäkeln (6)
- Abketten und zunähen

Nun häkeln wir die Flügel (2 X)

Wie häkeln nun nicht in Runden.

- Wir beginnen mit einer Kette aus 10 Luftmaschen
- In jede Luftmasche kommt ein halbes Stäbchen
- Wenden
- In jedes Stäbchen kommt eine Feste Masche (nur am Flügelrand)
- Abketten und am Körper annähen.

Nun nur noch die Augen annähen.
Das Bienchen ist fertig.

Lukas

Jetzt kommt mein Freund Lukas an die Reihe.

Folgende Materialien werden benötigt:

- Wolle, am Besten Baumwolle
- Häkelnadel in der passenden Stärke, ich bevorzuge Garn und Häkelnadel in der Stärke 2
- Füllwatte
- Nähgarn
- Nähnadel
- Knöpfe oder Augen
- Schere

Anleitung:

Körper:

Jeder Stichpunkt beinhaltet eine neue Runde.

- Bilden Sie einen Fadenring (oder häkeln Sie zwei Luftmaschen und stechen in die zweite Masche ein)
- Häkeln Sie 6 Feste Maschen im Ring
- Nun verdoppeln Sie jede Masche, so dass sich jetzt 12 Maschen im Ring befinden
- Jetzt müssen Sie jede 2. Masche verdoppeln. Es befinden sich jetzt 18 Maschen im Ring.
- Nun häkeln Sie sieben Reihen Feste Maschen, es bleiben immer 18 Maschen.

- Nun den Körper mit Füllwatte füllen. Den Faden durch die Masche ziehen und abschneiden. Er sollte aber etwas länger gelassen werden, damit man mit ihm den Körper zunähen kann, was auch jetzt geschehen sollte.

Jetzt häkeln wir den Kopf

Jeder Stichpunkt beinhaltet eine neue Runde.

- Bilden Sie einen Fadenring (oder häkeln Sie zwei Luftmaschen und stechen in die zweite Masche ein)
- Häkeln Sie 6 Feste Maschen im Ring
- Nun verdoppeln Sie jede Masche, so dass sich jetzt 12 Maschen im Ring befinden
- Jetzt müssen Sie jede 2. Masche verdoppeln. Es befinden sich jetzt 18 Maschen im Ring.
- Bitte verdoppeln Sie jede 3. Masche. Sie haben nun 24 Maschen.
- Jetzt jede 4. Masche verdoppeln. Es sind nun 30 Maschen vorhanden.
- Nun häkeln Sie 4 Reihen Feste Maschen. Es bleiben immer 30 Maschen.
- Jetzt häkeln Sie jede 3. und 4. Masche zusammen. Es sind nun noch 24 Maschen vorhanden.
- Nun häkeln Sie jede 2. und 3. Masche zusammen. Sie haben nun 18 Maschen.
- Nun jede 2. Masche zusammenhäkeln. Sie haben nun noch 12 Maschen. Der Kopf kann mit Füllwatte ausgefüllt werden.
- Nun jede 2. Masche zusammennähen und den Kopf schließen.

Nun kommen die Arme und Beine dran. Sie müssen das Alles also vier Mal häkeln.

- Bilden Sie einen Fadenring (oder häkeln Sie zwei Luftmaschen und stechen in die zweite Masche ein)
- Häkeln Sie 4 Feste Maschen im Ring.
- Nun verdoppeln Sie jede Masche. Sie haben nun 8 Maschen.
- Nun häkeln Sie 3 Reihen Feste Maschen.
- Der Faden kann nun vernäht werden und das Häkelstück kann verschlossen werden.

Nun kommen die Ohren (2x) an die Reihe. Beginnen Sie mit weißer Farbe.
- Bilden Sie eine Luftmaschenkette aus 3 Maschen.
- Häkeln Sie 3 Feste Maschen in die zweite Luftmasche und danach eine Luftmasche.
- Nun wenden Sie die Arbeit und verwenden die graue Wolle.
- Häkeln Sie in jede Masche zwei Feste Maschen und danach eine Luftmasche
- Nun häkeln Sie in jeder Masche 2 Feste Maschen und beenden mit einer Kettmasche.
- Sie können die Arbeit nun abketten.

Zum Schluss widmen wir uns der Nase.

Wir nehmen die schwarze Wolle

- Bilden Sie eine Luftmaschenkette aus 4 Maschen und eine Wendemasche.
- Häkeln Sie in jede Masche eine Feste Masche,
- Wenden Sie die Arbeit und häkeln jede Masche zusammen.
- Häkeln Sie jede zweite Masche zusammen und wenden Sie wieder.
- Jetzt jede zweite Feste Masche zusammenhäkeln und mit einer Kettmasche enden.
- Den Faden durchziehen und zum Vernähen lang lassen.

Nun alle Teile füllen und zusammennähen. Als Augen entweder Knöpfe oder Stofftieraugen verwenden und annähen oder kleben.

Kleiner Häkelkurs für Anfänger

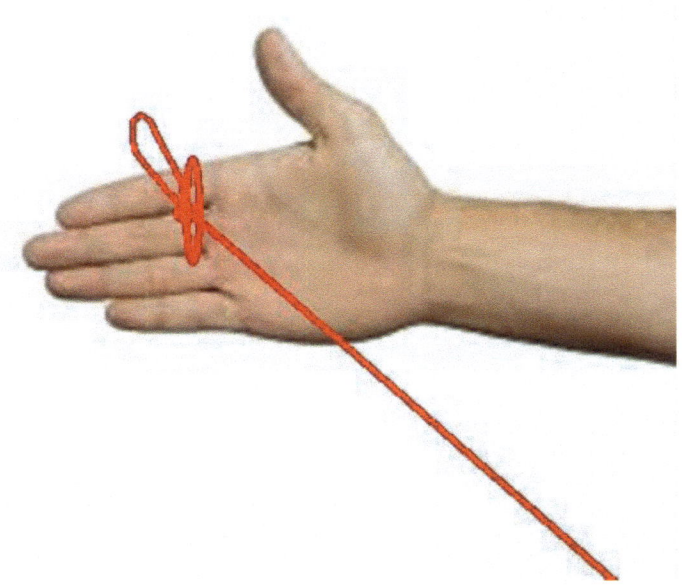

Zuerst wickelt man den Faden um Zeigefinger und Mittelfinger. Dann zieht man von unten eine Schlaufe hinaus, so dass sich eine Schlinge bildet.

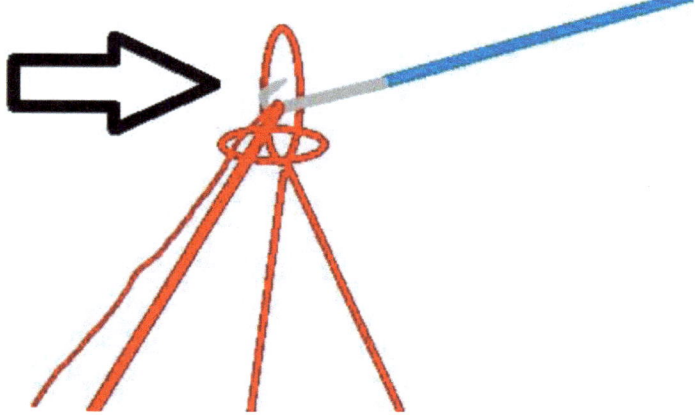

Dann sticht man mit der Häkelnadel durch die Schlinge und zieht den Faden hindurch. Schon hat man die erste Masche!

So fährt man dann weiter fort, bis man die gewünschte Luftmaschenanzahl hat.

Feste Masche

In die untere Masche einstechen und den Faden hindurchführen. Danach eine Masche häkeln und erneut hindurchführen.

In Runden häkeln

Aus zwei Maschen einen Ring bilden und die Maschen in den Ring hineinhäkeln, d.h. in die zweite Masche einstechen und dann die Maschen ringsherum anordnen.

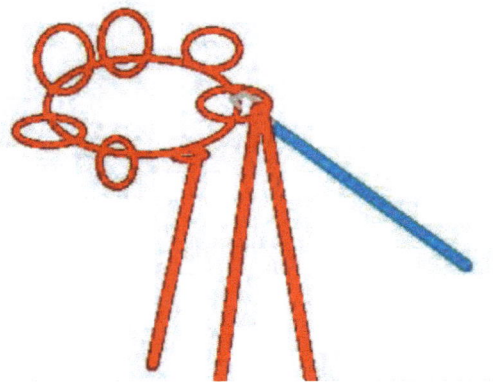

Nachtrag zum Impressum / Copyright

Fotos mit freundlicher Genehmigung von Shutterstock.com

Herstellung und Verlag:
BoD - Books on Demand, Norderstedt
ISBN 978-3-7412-8973-6